もしものときの連絡先

キリトリ線

キリトリ線からはさみで切り離して記入し、家の中の目立つところに貼りましょう。

	名　前	あなたとの続柄・関係	電話番号
連絡先①			自宅　　－　　－ 携帯　　－　　－
連絡先②			自宅　　－　　－ 携帯　　－　　－
連絡先③			自宅　　－　　－ 携帯　　－　　－

● いざというときの電話番号

救急車・消防	119	警　察	110

ここの住所は、　　　　都道府県　　　市・区・町・村

電話番号は、　　　－

JN167451

※ここに自分の住所と電話番号を記入しておけば、救急車などを呼ぶとき、あわてていても安心です。

ケアマネジャー	名前（会社名） 電話番号　　　－　　　－

キリトリ線

私の「いま」確認表

◆ かかりつけの病院は	☐ ある	☐ ない

病院名　　　　　　　　　　　担当医師名

電話番号　　　　－　　　　　－

◆ 持病や既往症は	☐ ある	☐ ない
◆ いつも飲んでいる薬は	☐ ある	☐ ない
◆ お薬手帳は	☐ ある	☐ ない
◆ アレルギーは	☐ ある	☐ ない
◆ 入院・介護の手配をする人は	☐ いる	☐ いない
◆ 介護についての希望は	☐ ある	☐ ない
◆ 病気の告知は	☐ してほしい	☐ しないでほしい
◆ 余命の告知は	☐ してほしい	☐ しないでほしい
◆ 延命治療は	☐ してほしい	☐ しないでほしい

記入した日　　　年　　月　　日

もしものときの 安心メモリー帖

あなたの思いや、
「もしも」のときにはどのようにしてほしいかを
このノートにまとめてみませんか。
それは、
あなたの「いま」を整理し、
大切な人たちにあなたの気持ちを伝える作業となります。
このノートは、
これからの生活に備えと生きがいを見いだす
安心メモリー帖です。

池田書店

なぜノートにまとめると よいのでしょう？

身のまわりの整理ができる

　病気やけが、または介護が必要な状態になれば誰でも、身のまわりのさまざまなものを、まわりの人たちに託さなければなりません。考えてみると次から次に思い浮かんで「大丈夫だろうか」と不安になりますね。

　それらを現状に照らし合わせて整理し、このノートに書き出してみましょう。大丈夫なことと備えの足りないことがしっかりと見えてきます。気になっていることから、少しずつ整理してみましょう。

「もしも」のときもまわりの人が困らない

　ご自分のお子さんなどからこのノートを勧められ、戸惑った人もおられるでしょう。しかし、このノートにあなたの考えや情報をまとめておくことは、いずれまわりの人たちに役立ちます。

　ノートを書くことは、まわりの人たちが必要以上に苦労したり困ったりしないようにするための「気配り」と考えてみましょう。

ノートを「託す人」を決めておきましょう

　いざというときに役立ててもらうノートですから、その存在を誰も知らないと、書いた意味がなくなってしまいます。そのために、ノートを託す人を決めておきましょう。

◆ノートを託すのは
　あなたのそばにいる人、信頼の置ける人にしましょう。そのような人がいないときは、弁護士や司法書士に相談しましょう。

◆「託す人」に伝えておくことは
　＊ノートを書いていること
　＊いざというときにノートの内容を
　　確認してほしいということ
　＊ノートの保管場所　　など

「気づき」のきっかけになる

ノートに記入することで、新たな「気づき」が得られるかもしれません。自分らしい「終活」について考え、セミナーに参加したり、仲間と情報交換したりするのもよいでしょう。

ノートを託す人が身近にいない場合、いずれかの団体に頼む方法などもありますが、そうしたことを準備するきっかけにもなるでしょう。

生きる目標が見え、元気になれる

身のまわりのことをノートに書いて整理してみることで、これからも自分らしく生きるための備えがわかってくるでしょう。また、やり残していることや再び挑戦してみたいこと、訪れてみたい場所など、「目標」が見つかるかもしれません。

目標をもつことは、生きる張り合いになります。整理することは、新たな自分を発見する手がかりとなるでしょう。

書けるところから書いてみましょう

どこから書いてよいかわからず、なかなか手をつけられないかもしれません。しかし、書きやすいところから少しずつ書き始めてはいかがでしょう。

時間とともに考えや人間関係、状況が変わってきたと感じたなら、書き直してもよいでしょう。「いま」の自分を整理するつもりで、まずは1冊書いてみましょう。

● このノートの使い方

このノートは、折り込み、巻頭ページ、第1章、第2章で構成されています。

◆折り込み（キリトリ式 一覧表）

ミシン目からはさみで切り離して使います。「もしも」のときの最初の連絡先、あなたの意向などを記入します。テープやマグネットで家の中のいちばん目立つところに貼っておきましょう。あなたが直接連絡できなくても、救急隊員や訪ねてきた人が見つけてくれるかもしれません。

◆巻頭（6～8ページ）

あなたの基本的な情報や、緊急連絡先を記入します。確認表（7ページ）には、第1章以降で具体的に記入するページが「→」で記されています。巻頭ページを記入後、確認表を見ながら第1章以降を記入しましょう。

◆第1章

病気の治療や介護について、また亡くなった後はどうしてほしいかなど、あなたの思いや考え、必要な連絡先などを記入します。

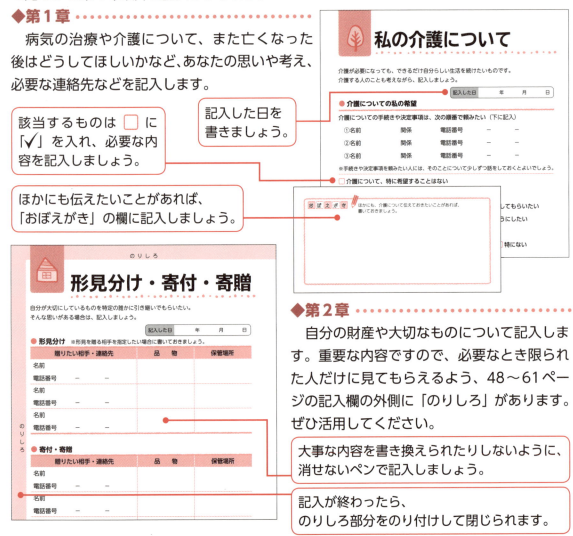

- 該当するものは □ に「✓」を入れ、必要な内容を記入しましょう。
- 記入した日を書きましょう。
- ほかにも伝えたいことがあれば、「おぼえがき」の欄に記入しましょう。

◆第2章

自分の財産や大切なものについて記入します。重要な内容ですので、必要なとき限られた人だけに見てもらえるよう、48～61ページの記入欄の外側に「のりしろ」があります。ぜひ活用してください。

- 大事な内容を書き換えられたりしないように、消せないペンで記入しましょう。
- 記入が終わったら、のりしろ部分をのり付けして閉じられます。

◆巻末の収納袋

このノートの最後に、ビニール製の収納袋が付いています。遺影として使いたい写真や、ノートと一緒に残しておきたいものを入れましょう。

もしものときの安心メモリー帖 ◆目次◆

なぜノートにまとめるとよいのでしょう？ ……………………… 2
● このノートの使い方 ……………………………………………… 4
私のこと …………………………………………………………… 6
私の「いま」確認表 ……………………………………………… 7
緊急連絡先 ………………………………………………………… 8

第1章　私について

　私の健康・病気・薬について ………………………………… 10
　私の介護について ……………………………………………… 14
　私が判断できなくなったら　～成年後見制度～ …………… 16
　告知と延命治療について ……………………………………… 18
　大切なものの番号と保管場所① ……………………………… 21
　相続について …………………………………………………… 22
　親族表 …………………………………………………………… 24
　名簿（家族・親族） …………………………………………… 26
　名簿（友人・知人） …………………………………………… 30
　私の葬儀について ……………………………………………… 34
　お墓・法要について …………………………………………… 38
　好きなものについて …………………………………………… 40
　ペットについて ………………………………………………… 41
　　● メ　モ ……………………………………………………… 42

第2章　もしものとき

　あとを託された人が困らないように ………………………… 44
　　～ノートを託された人へ～ ………………………………… 45
　手続き上の注意点 ……………………………………………… 46
　遺言・相続 ……………………………………………………… 49
　銀行口座 ………………………………………………………… 50
　保　険 …………………………………………………………… 52
　その他の資産・負債 …………………………………………… 54
　形見分け・寄付・寄贈 ………………………………………… 56
　大切なものの番号と保管場所② ……………………………… 57
　大切な人たちへのメッセージ ………………………………… 60
　　● いま、想うこと …………………………………………… 62

豆知識
入院時には「保証人」が必要…13　　介護保険制度とは？…15
遺産には、プラスとマイナスがある…23
葬儀費用の目安…37　　保険金は、ほかの相続財産とは違う…53
収集品が高額の場合、注意が必要…56

私のこと

まずは、基本的なことを記入しましょう。
書き慣れた内容ですが、いろいろなことにかかわってくる大事な情報です。

| 記入した日 | 年　　月　　日 |

ふりがな 名　前		ふりがな （旧姓）	

生年月日	明治・大正 昭和・平成	年　　　月　　　日

住　所	〒　　－ 　　都道 　　府県

電話番号	自宅　　　－　　　－
	携帯電話　　　－　　　－
	ファクス　☐ 自宅の電話番号と同じ 　　　　　☐ 別　　　－　　　－

本　籍	都道 府県

住民票の住所
（上記の住所と違う場合に記入）

| 勤務先 | 名称 |
| | 部署（所属）名 |

所在地	〒　　－ 　　都道 　　府県

| 電話番号 | 　　－　　　－ |

私の「いま」確認表

☐にチェックを入れて、あなたがいま、どのくらい「もしも」に備えられているか確認しましょう。詳しい内容は、➡のページに記入します。

記入した日　　年　　月　　日

◆ 緊急の連絡先は　　☐ ある　　☐ ない　　➡8ページ

◆ かかりつけの病院は　　☐ ある　　☐ ない　　➡11ページ

◆ 入院・介護の手配をする人は　　☐ いる　　☐ いない　　➡13、14ページ
※入院・介護などについては、自治体の高齢者相談窓口に相談できます。

◆ 病院に支払うお金は　　☐ 預貯金・保険をあててほしい　　☐ ない　　➡50ページ

◆ 保険に加入は　　☐ している　　☐ していない　　➡52ページ

◆ 任意後見人と契約を　　☐ している　　☐ していない　　➡17ページ

◆ 介護についての希望は　　☐ ある　　☐ ない　　➡14ページ

◆ 病名の告知は　　☐ してほしい　　☐ しないでほしい　　➡19ページ

◆ 余命の告知は　　☐ してほしい　　☐ しないでほしい　　➡19ページ

◆ 延命治療は　　☐ 受けたい　　☐ 受けたくない　　☐ 判断は任せる　　➡20ページ

◆ 葬儀についての希望は　　☐ ある　　☐ ない　　➡34ページ

◆ 自分の財産(資産と負債)について把握を　　☐ している　　☐ していない　　➡54ページ

◆ 遺言は　　☐ 書いている　　☐ 書いていない　　➡49ページ

◆ 相続については　　☐ 決めている　　☐ 決めていない　　➡49ページ

◆ 遺品の処分方法は　　☐ 決めている　　☐ 決めていない　　➡56、58ページ

◆ お墓については　　☐ 決めている　　☐ 決めていない　　➡38ページ

緊急連絡先

「もしも」のことがあったとき最初に連絡したい人を、①〜③の順番で記入しましょう。

| 記入した日 | 　年　　　月　　　日 |

連絡先①

ふりがな
名　前　　　　　　　　　　　私との関係

住　所　〒　　－
　　　　　　　都道
　　　　　　　府県

連絡のつく電話番号①　　　－　　　－

連絡のつく電話番号②　　　－　　　－

連絡先②

ふりがな
名　前　　　　　　　　　　　私との関係

住　所　〒　　－
　　　　　　　都道
　　　　　　　府県

連絡のつく電話番号①　　　－　　　－

連絡のつく電話番号②　　　－　　　－

連絡先③

ふりがな
名　前　　　　　　　　　　　私との関係

住　所　〒　　－
　　　　　　　都道
　　　　　　　府県

連絡のつく電話番号①　　　－　　　－

連絡のつく電話番号②　　　－　　　－

第1章 私について

病気や介護、病名の告知や延命治療をどうするかについて、じっくり考えてみましょう。また、家族や友人・知人の名簿、親族表などを作成してみると、自身の最期が近づいたときどのようにしたいか、相続はどうするかなどがだんだんとイメージできるでしょう。

私の健康・病気・薬について

いまの健康状態を、わかる範囲で記入しておきましょう。

記入した日　　　年　　月　　日

身　長　　　　　　cm　　　　　体　重　　　　　　kg

血液型　　　　　　型　RH（＋・－）

血　圧（測定日　　　年　　月　　日）

上　　　　mmHg　　下　　　　mmHg

　　　　　　　　　　　　　　　　　　血圧は、何度か測りましょう。

アレルギー　☐ ない　　　☐ ある

アレルギーの内容

☐ 食物（　　　　　　　　　）　☐ 薬（　　　　　　　　　　）

☐ その他（　　　　　　　　　　　　　　　　　　　　　　　）

健康診断　☐ 受けている　☐ 受けていない

※最新の健康診断の結果は、（　　　　　　　　　　　）に保管。

お薬手帳　☐ 持っている　☐ 持っていない

※お薬手帳は、（　　　　　　　　　　　）に保管。

いつも飲んでいる薬　☐ ない

☐ ある → ☐ お薬手帳参照　　☐ 下記のとおり

　　　　　　　　　　　　　　　　　　　　○をつけましょう。

①（　　　　　　　　）1日（　）回　食前・食後・その他（　　）

②（　　　　　　　　）1日（　）回　食前・食後・その他（　　）

③（　　　　　　　　）1日（　）回　食前・食後・その他（　　）

④（　　　　　　　　）1日（　）回　食前・食後・その他（　　）

⑤（　　　　　　　　）1日（　）回　食前・食後・その他（　　）

※医師や看護師に確認してもらえると安心です。

● かかりつけ医

病院名

電話番号　　　　　－　　　　　－

かかっている科（　　　　　　　　　）科

担当医師名（　　　　　　　　）

通院の理由（　　　　　　　　　　　　　　　　　　　　　　　　）

※診察券は（　　　　　　　　　　　）に保管。

病院名

電話番号　　　　　－　　　　　－

かかっている科（　　　　　　　　　）科

担当医師名（　　　　　　　　）

通院の理由（　　　　　　　　　　　　　　　　　　　　　　　　）

※診察券は（　　　　　　　　　　　）に保管。

病院名

電話番号　　　　　－　　　　　－

かかっている科（　　　　　　　　　）科

担当医師名（　　　　　　　　）

通院の理由（　　　　　　　　　　　　　　　　　　　　　　　　）

※診察券は（　　　　　　　　　　　）に保管。

病院名

電話番号　　　　　－　　　　　－

かかっている科（　　　　　　　　　）科

担当医師名（　　　　　　　　）

通院の理由（　　　　　　　　　　　　　　　　　　　　　　　　）

※診察券は（　　　　　　　　　　　）に保管。

> **お ぼ え が き**　ほかにも、健康や病気について伝えておきたいことがあれば、書いておきましょう。

第1章　私について

● 病気・けが

病気やけがの名称

☐ 現在も治療している　　☐ すでに治っている（下に記入）

（　　　）年（　　　）月頃〜（　　　）年（　　　）月頃まで治療

> 行った検査や手術、治療などを記入しましょう。

治療内容（　　　　　　　　　　　　　　　　　　　　　　　　　　）

治療した病院名・担当医師名　　　　　　　　　　（　　　　　先生）

電話番号　　　　　−　　　　　−

病気やけがの名称

☐ 現在も治療している　　☐ すでに治っている（下に記入）

（　　　）年（　　　）月頃〜（　　　）年（　　　）月頃まで治療

治療内容（　　　　　　　　　　　　　　　　　　　　　　　　　　）

治療した病院名・担当医師名　　　　　　　　　　（　　　　　先生）

電話番号　　　　　−　　　　　−

病気やけがの名称

☐ 現在も治療している　　☐ すでに治っている（下に記入）

（　　　）年（　　　）月頃〜（　　　）年（　　　）月頃まで治療

治療内容（　　　　　　　　　　　　　　　　　　　　　　　　　　）

治療した病院名・担当医師名　　　　　　　　　　（　　　　　先生）

電話番号　　　　　−　　　　　−

病気やけがの名称

☐ 現在も治療している　　☐ すでに治っている（下に記入）

（　　　）年（　　　）月頃〜（　　　）年（　　　）月頃まで治療

治療内容（　　　　　　　　　　　　　　　　　　　　　　　　　　）

治療した病院名・担当医師名　　　　　　　　　　（　　　　　先生）

電話番号　　　　　−　　　　　−

● 入院したときの私の希望

☐ 家族・親族に、手続きや付き添いを頼みたい（下に記入）

> 家族・親族なら続柄を、それ以外なら関係を記入しましょう。

名前　　　　　　　関係　　　　　　電話番号　　　－　　　－

名前　　　　　　　関係　　　　　　電話番号　　　－　　　－

名前　　　　　　　関係　　　　　　電話番号　　　－　　　－

☐ 特に希望はないので、下記の人の判断に任せる

名前　　　　　　　関係　　　　　　電話番号　　　－　　　－

※手続きや付き添い、さまざまな判断を任せたい人には、そのことについて少しずつ話をしておくとよいでしょう。

● 入院にかかる費用は

☐ 預貯金・保険をあててほしい　→ 50、52ページ

☐ 用意していない（家族・親族で用意してほしい）

☐ その他（　　　　　　　　　　　　　　　　　　　　　　　　）

豆知識　入院時には「保証人」が必要

　入院したり介護施設に入ったりする際には、ふつう「保証人」が必要です。場合によっては、複数の保証人を立てるように求められることもあります。これは、本人が判断できない状況になったり、「もしも」のことが起きた場合に、どのように治療するかの判断や費用の支払いをしてもらうためです。ですから、信頼して自分のことを任せられる人を保証人として立てる必要があります。いざというときにあわてないためにも、誰に保証人になってもらうかを考えておき、承諾してもらえるかどうかを相手に確認しておくと安心です。

　なお、保証人を引き受ける専門団体などもあります。保証人になってくれそうな人が身近にいない場合、そうした団体にお願いするのもよいでしょう。

第1章　私について

私の介護について

介護が必要になっても、できるだけ自分らしい生活を続けたいものです。
介護する人のことも考えながら、記入しましょう。

記入した日　　年　　月　　日

● 介護についての私の希望

介護についての手続きや決定事項は、次の順番で頼みたい（下に記入）

①名前　　　　　関係　　　　電話番号　　－　　－
②名前　　　　　関係　　　　電話番号　　－　　－
③名前　　　　　関係　　　　電話番号　　－　　－

※手続きや決定事項を頼みたい人には、そのことについて少しずつ話をしておくとよいでしょう。

☐ 介護について、特に希望することはない
☐ できれば自宅で家族に介護してもらいたい
☐ 介護サービスも利用しながら、できるだけ自宅で家族に介護してもらいたい
☐ 介護サービスを利用し、なるべく家族には負担をかけないようにしたい
☐ 介護施設や高齢者向けの住宅などに入居したい
☐ 入りたいと思っている施設・住宅がある（下に記入）　☐ 特にない

名称　　　　　　　　　　電話番号　　－　　－

● 利用している介護サービス

利用している介護サービスが　　☐ ある（下に記入）　☐ ない

事業所名・担当者名

電話番号　　　－　　　－

利用している介護サービスが　　☐ ある（下に記入）　☐ ない

事業所名・担当者名

電話番号　　　－　　　－

● 介護にかかるお金は

☐ 預貯金・保険をあててほしい　→　50、52ページ

☐ 用意していない

☐ その他（　　　　　　　　　　　　　　　　　　　　　　　　　　）

第1章　私について

　ほかにも、介護について伝えておきたいことがあれば、書いておきましょう。

豆知識　介護保険制度とは？

◆どんなしくみ？

日本の公的介護保険制度は、原則として40歳以上の国民が市町村などに保険料を納付するものです。被保険者には2種類あり、第1号被保険者は65歳以上の人です。第2号被保険者は40～64歳の人で、老化に起因して介護保険法に規定される特定疾病を発症した場合に必要な介護サービスを受けることができます。

◆どんな介護サービスがあるの？

おもに、自宅でヘルパーに家事や身体介助をしてもらうもの、自宅から施設に通ってリハビリや入浴サービスを受けるもの、施設に入所して介護サービスを受けるものがあります。

◆介護サービスを受けるには？

介護が必要になった人は、要介護度の審査を受け、要支援1～2、または要介護1～5の認定が出れば、相応の介護サービスが受けられます。要介護度は、必ずしも病気や障害の程度によるものではなく、それによって日常生活にどの程度の支障が出ているかで判断されますので、なかにはサービスの対象外になるケースもあります。

ケアマネジャー（介護支援専門員）という専門家が窓口となって手続きを進めてくれますので、日常生活に不便さを感じたり、介護による家族の負担が大きいと感じたときは、自治体の高齢者相談窓口や地域包括支援センターへ連絡してみましょう。

私が判断できなくなったら
～成年後見制度～

● **成年後見制度とは？**

　認知症などで判断能力が十分でなくなった場合に、介護サービスを受けたり入院したりするための手続きなど身上監護、財産の管理などを誰かに代わってもらうための制度です。成年後見制度には大きく分けて2種類あり、判断能力が低下してから家庭裁判所によって後見人が選ばれる**法定後見制度**と、判断能力が十分なうちに自分で後見人を決めておく**任意後見制度**があります。

法定後見制度	家庭裁判所が選んだ人が後見人になります。判断能力の程度によって、「後見」「保佐」「補助」の3種類があります。
任意後見制度	将来に備えて、あらかじめ自分が選んだ人（任意後見人）に代理権を与える契約を結んでおくものです。公証役場で公正証書を作成して契約を結んでおきます。

　後見人になるのに特別な資格はなく、未成年者や破産者などでなければなれますが、実際には本人の親族や行政書士、司法書士、弁護士などの専門職が多いようです。専門職に依頼した場合は、1か月あたり数万円の報酬を支払うケースがほとんどです。

● **任意後見制度を利用したい場合は？**

　自分に十分な判断能力があるうちに、自分の意思で任意後見人を選びます。将来的に自分の判断能力が十分でなくなった場合、任意後見人は家庭裁判所が選ぶ任意後見監督人の監督のもと、さまざまな手続きや金銭管理などを行います。任意後見制度を利用したい場合は、最寄りの公証役場や社会福祉協議会などに相談しましょう。

● **頼める人がいない場合は？**

　介護を受ける場合や入院時の手続きなどを頼める人がいない、また、任意後見人を選びたいけれど適切な人がいない、ということもあるでしょう。

その場合には、まず行政の福祉サービスを利用する方法があります。自分の住んでいる地域の成年後見センター、あるいは社会福祉協議会などに相談してみましょう。また、事前に契約しておくことで、「保証人」(13ページ「豆知識」参照) になってくれたり、日常生活の支援や金銭管理、死亡時の手続きなどを行ってくれたりする団体もあります。会費が必要な団体もありますので、よく確認してから利用しなければなりませんが、活用できるものの一つとして考えてみてもよいでしょう。

● **私に判断能力がなくなった場合**

記入した日　　年　　月　　日

☐ 介護についての手続きや決定事項は、次の順番で頼みたい

　①名前　　　　　関係　　　　　電話番号　　　－　　　－

　②名前　　　　　関係　　　　　電話番号　　　－　　　－

　③名前　　　　　関係　　　　　電話番号　　　－　　　－

☐ 下記の人と任意後見制度の契約を結んでいる

　名前　　　　　　　　　　　　　電話番号　　　－　　　－

☐ 下記の団体と支援契約を結んでいる

　名称　　　　　　　　　　　　　電話番号　　　－　　　－

☐ 家族・親戚以外の下記の人に頼みたいが、特に契約などは結んでいない

　①名前　　　　　関係　　　　　電話番号　　　－　　　－

　②名前　　　　　関係　　　　　電話番号　　　－　　　－

☐ 頼める人がいないので、行政に相談してほしい

告知と延命治療について

● 病名や余命の告知

　自分の病名や余命については、知ったうえで残りの人生を過ごしたいか、それとも知らずに悠々自適の人生を送りたいか、人によってさまざまでしょう。自分のまわりの、どの範囲の人にまで知っておいてほしいか、という問題もあります。

　また、回復の見込みがなくなったときに延命治療をするのかどうか、自分以外の人が判断しなければならないという状況になることもあります。この場合、本人に告知するべきか、延命治療をするのかどうかなどを判断しなければならない立場の人はとても思い悩むことでしょう。

　自らのエンディングをどのようにしたいのか明らかにしておくことは、自身の終わり方を自ら決めるものであると同時に、まわりの人のつらい決断を少しでも軽くすることにつながります。

● 延命治療、緩和ケア（ホスピスケア）とは

　延命治療とは、回復の見込みがない状態の人に、人工呼吸器などの装置を付けたり、点滴などで人工的に栄養を注入したりして生命を維持するものです。

　一方、緩和ケア（ホスピスケア）とは、回復するための治療が難しい患者に対して、苦痛や不快な症状、精神的な不安をやわらげるために行うケアです。

● 尊厳死とは

　延命治療で人間の尊厳が損なわれることを防ぐために、自分の意思で延命を拒否して死を迎えることを**尊厳死**といいます。尊厳死を望んでいることを意思表示したい場合には、事前に書類の形で準備することが重要になります。

　具体的には、公証役場で**尊厳死宣言公正証書**を作成して意思表示する方法などがあります。

| 記入した日 | 年　　月　　日 |

● 私の病名や余命の告知、延命治療については、私の意見と、下記の人の意見を尊重してほしい

名前　　　　　　　　　　関係　　　　　　　→ 連絡先は13ページ

名前　　　　　　　　　　関係　　　　　　　→ 連絡先は13ページ

> ご本人に、あらかじめ話をしておいたほうがよいでしょう。

第1章　私について

● 告知についての希望

☐ 病名も余命も告知しないでほしい

☐ 病名も余命も告知してほしい

☐ 病名だけ告知してほしい

☐ その他（　　　　　　　　　　　　　　　　　　　　　）

● 病名・余命を知るのは

☐ 家族だけにしてほしい

> 名前を書きましょう。

☐ 家族と特定の親戚（　　　　　　　　　）だけにしてほしい

☐ 友人・知人にも知ってほしい

☐ その他（　　　　　　　　　　　　　　　　　　　　　）

おぼえがき　ほかにも、病名や余命の告知、延命治療について伝えておきたいことがあれば書いておきましょう。

● **延命についての希望**

- ☐ 回復の見込みがなくても、できる限り延命措置をしてほしい
- ☐ 回復の見込みがない場合は、延命措置はしないでほしい
- ☐ 尊厳死について書類を作成している

    書類の保管場所または預け先（　　　　　　　　　　　　　　　　）

- ☐ 特になし
- ☐ その他（　　　　　　　　　　　　　　　　　　　　　　　　　）

● **緩和ケアについての希望**

緩和ケアを　　☐ 受けたい　　☐ 受けたくない

　　　　　　　☐ 特に希望はない

● **臓器提供・献体などについての希望**

> ○をつけましょう。

- ☐ （カード・免許証・健康保険証・その他　　　　　　　　　　　）
    で、臓器提供の意思表示をしている

    上記の保管場所（　　　　　　　　　　　　　　　　　　　　　）

- ☐ 角膜提供のためにアイバンクに登録している

    書類の保管場所（　　　　　　　　　　　　　　　　　　　　　）

献体を　　　☐ 希望する　　　☐ 希望しない

献体先は　　☐ 決まっている　☐ 決まっていない

☐ 名称　　　　　　　　　　電話番号　　　　－　　　　－

※献体には、親族の同意が必要です。

- ☐ 臓器提供や献体などは行いたくない
- ☐ その他（　　　　　　　　　　　　　　　　　　　　　　　　）

大切なものの番号と保管場所①

各種社会保険の番号や保管場所を記入しましょう。
ただし、実印など広く知られると困るものの保管場所は第2章で記入します。

| 記入した日 | 年 | 月 | 日 |

第1章 私について

健康保険証記号番号　　　　　　　保管場所

記号　　　　　番号

介護保険被保険者証の番号　　　　保管場所

番号

基礎年金番号　　　　　　　　　　年金手帳の保管場所

マイナンバー　　　　　　　　　　カードの保管場所

※マイナンバーは平成27年10月から通知され、平成28年1月以降に使用。

運転免許証番号　　　　　　　　　保管場所

その他（　　　　　　　　　）　　保管場所

その他（　　　　　　　　　）　　保管場所

おぼえがき　ほかにも知らせておくべきものがあれば、
　　　　　　その番号や保管場所などを書いておきましょう。

相続について

● 法律で決められている相続人と法定相続分

　遺言がない場合、下の表の順位で相続されることが法律で定められています。

　自分の配偶者は必ず相続人となり、配偶者とともに誰が相続人になることができるか、順序が決められています。第1順位の子どもがいれば配偶者と子どもが、第1順位の子どもがいない場合は直系尊属である自分の両親や祖父母などが第2順位となり、自分の両親や祖父母などもいない場合は第3順位の自分の兄弟姉妹と配偶者が、相続人となります。第3順位までの相続人が死亡しているかもともと存在していない場合は、特別なケースを除いて、相続財産は最終的に国のものになります。

相続順位	本人との関係	相続できる場合
配偶者	配偶者	必ず相続
第1順位	自分の子ども ※子どもが死去している場合は、その子ども（孫）が代襲相続	いれば必ず相続
第2順位	自分の直系尊属 ※ただし、親等の近い者が優先	第1順位がいない場合に相続
第3順位	自分の兄弟姉妹 ※兄弟姉妹が死去している場合は、その子ども（甥・姪）が代襲相続	第1、第2順位ともいない場合に相続

　また、法律で決められている相続分（法定相続分）は下の表のとおりです。

　配偶者の法定相続分は、自分以外の相続人の順位で配分が変わってきます。子どもなどが複数いる場合には、法定相続分を全員の人数で割ります（例：子ども2人の場合、2分の1を2で割って、4分の1ずつ）。

相続人が配偶者と子ども	配偶者2分の1、子ども2分の1
相続人が配偶者と両親	配偶者3分の2、両親3分の1
相続人が配偶者と兄弟姉妹	配偶者4分の3、兄弟姉妹4分の1

● 遺　言

　法律で相続人として定められている人ではなく、特定の人に相続させたいという場合には、下の表にあるような法的効力のある遺言を作成しましょう。そうすることで、相続する人の生活を守ったり、無用な相続争いを防いだりできます。

形　式	作成方法	特徴（○：長所　✕：短所）
自筆証書遺言	自筆ですべての文章と日付を書き、署名・押印。遺言の原本は、本人が保管 ※2019年1月の法改正により、パソコンで作成した目録や通帳のコピーなど「自筆によらない財産目録」が添付できるようになった。	○：自分一人で作成できる。費用がかからない ✕：誤りがあると、遺言として認められない場合も。偽造されやすい。死後、発見されにくい
公正証書遺言	2人の証人の立ち会いのもと、遺言する人の口述どおりに公証人が遺言を作成。遺言の原本は公証人が保管、原本と同じ効力をもつ正本は本人に渡される	○：内容に誤りがなく、遺言としての信用性が高い。紛失や偽造の心配がない ✕：費用がかかる。証人が2人必要
秘密証書遺言	遺言を封印して持参し、2人の証人の立ち会いのもと、公証役場で遺言であることを証明してもらう手続きをする。遺言の原本は本人が保管	○：遺言の内容を自分の中だけにとどめておける。パソコンで作成して出力したものでも可。ただし、署名・押印は必要 ✕：誤りがあると、遺言として認められない場合も

遺産には、プラスとマイナスがある

　「遺産」というと、預貯金や不動産など資産（プラス）のイメージがありますが、実は借金などの負債もマイナスの「遺産」です。相続はしたものの、負債のほうが上回ったのでは相続人が困ってしまいます。まずは残す立場の人が負債をきちんと整理しておくことが、残された人への配慮となるでしょう。場合によっては、弁護士などに**相続放棄**や**限定承認**の相談ができます。

おぼえがき

親族表

記入した日　　年　　月　　日

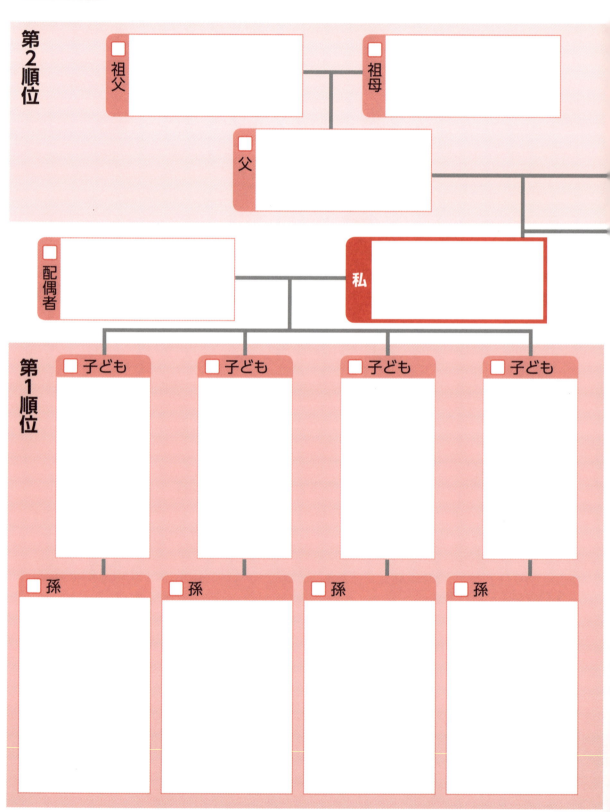

すでに亡くなった人は、☐ に✕を入れておきましょう。前配偶者やその子どもなど、親族表で足りないことがあれば、下の「おぼえがき」に記入しておきましょう。
第1〜第3順位などの相続順位については、22ページに詳しい説明があります。

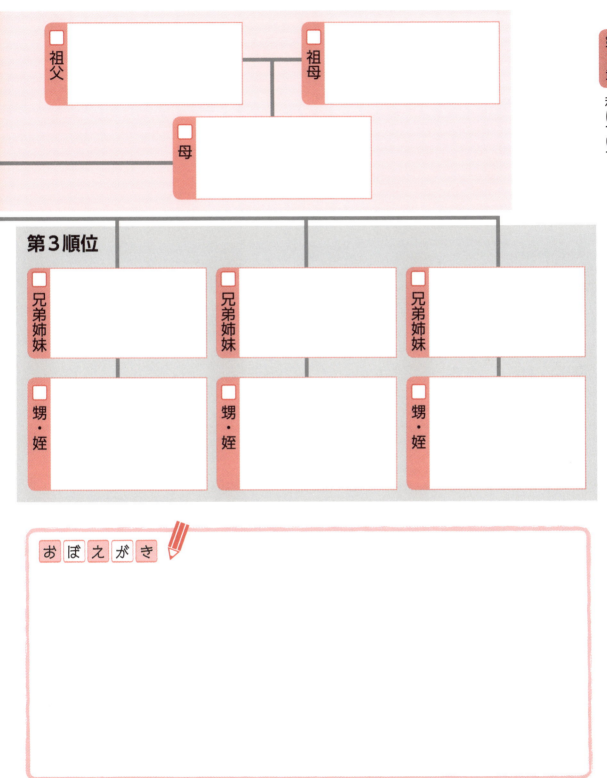

第1章　私について

第3順位

おぼえがき

名簿（家族・親族）

> ふだんから、本名よりこちらで通っている人は記入しておきましょう。
> 例：「○○ちゃん」「横浜のおばさん」など

ふりがな　　　　　　　　　　　　　ニックネーム、通称など（　　　　　　）
名　前　　　　　　　　　　　　　　私との続柄（　　　　　　　　　　　　）

住　所　〒　　　－
　　　　　　　都道
　　　　　　　府県

自宅の電話　　　－　　　－　　　携帯電話①　　　－　　　－　　　（　　　）
　　　　　　　　　　　　　　　　携帯電話②　　　－　　　－　　　（　　　）

入院の連絡　□する　　□しない　　□どちらでも
危篤の連絡　□する　　□しない　　□どちらでも
葬儀の連絡　□する　　□しない　　□どちらでも

> 誰の携帯電話か記入しましょう。
> 例：「本人」「息子」など

【伝えておきたいこと】

ふりがな　　　　　　　　　　　　　ニックネーム、通称など（　　　　　　）
名　前　　　　　　　　　　　　　　私との続柄（　　　　　　　　　　　　）

住　所　〒　　　－
　　　　　　　都道
　　　　　　　府県

自宅の電話　　　－　　　－　　　携帯電話①　　　－　　　－　　　（　　　）
　　　　　　　　　　　　　　　　携帯電話②　　　－　　　－　　　（　　　）

入院の連絡　□する　　□しない　　□どちらでも
危篤の連絡　□する　　□しない　　□どちらでも
葬儀の連絡　□する　　□しない　　□どちらでも

【伝えておきたいこと】

家族・親族の名簿は、世帯ごとに作成しておきましょう。
【伝えておきたいこと】には、「この人から母方の親族みんなに連絡してもらう」など、連絡が取りやすくなることがらを記入しておくとよいでしょう。

| 記入した日 | 年 | 月 | 日 |

第1章 私について

ふりがな
名　前　　　　　　　　ニックネーム、通称など（　　　　　）
　　　　　　　　　　　　私との続柄（　　　　　）

住　所　〒　　－
　　　　　　都道
　　　　　　府県

自宅の電話　　－　　－　　　**携帯電話①**　　－　　－　　（　　）
　　　　　　　　　　　　　　　携帯電話②　　－　　－　　（　　）

入院の連絡　☐ する　☐ しない　☐ どちらでも
危篤の連絡　☐ する　☐ しない　☐ どちらでも
葬儀の連絡　☐ する　☐ しない　☐ どちらでも

【伝えておきたいこと】

ふりがな
名　前　　　　　　　　ニックネーム、通称など（　　　　　）
　　　　　　　　　　　　私との続柄（　　　　　）

住　所　〒　　－
　　　　　　都道
　　　　　　府県

自宅の電話　　－　　－　　　**携帯電話①**　　－　　－　　（　　）
　　　　　　　　　　　　　　　携帯電話②　　－　　－　　（　　）

入院の連絡　☐ する　☐ しない　☐ どちらでも
危篤の連絡　☐ する　☐ しない　☐ どちらでも
葬儀の連絡　☐ する　☐ しない　☐ どちらでも

【伝えておきたいこと】

ふりがな		ニックネーム、通称など（　　　　　　　）
名　前		私との続柄（　　　　　　　）

住　所　〒　　　－

　　　　　　都道
　　　　　　府県

自宅の電話　　　－　　　－　　　携帯電話①　　　－　　　－　　（　　　）

　　　　　　　　　　　　　　　　携帯電話②　　　－　　　－　　（　　　）

入院の連絡　☐ する　☐ しない　☐ どちらでも

危篤の連絡　☐ する　☐ しない　☐ どちらでも

葬儀の連絡　☐ する　☐ しない　☐ どちらでも

【伝えておきたいこと】

ふりがな		ニックネーム、通称など（　　　　　　　）
名　前		私との続柄（　　　　　　　）

住　所　〒　　　－

　　　　　　都道
　　　　　　府県

自宅の電話　　　－　　　－　　　携帯電話①　　　－　　　－　　（　　　）

　　　　　　　　　　　　　　　　携帯電話②　　　－　　　－　　（　　　）

入院の連絡　☐ する　☐ しない　☐ どちらでも

危篤の連絡　☐ する　☐ しない　☐ どちらでも

葬儀の連絡　☐ する　☐ しない　☐ どちらでも

【伝えておきたいこと】

おぼえがき

ふりがな	ニックネーム、通称など（　　　　　）
名　前	私との続柄（　　　　　）

住　所　〒　　　－

　　　　都道
　　　　府県

自宅の電話　　－　　　－	携帯電話① 　－　　　－　（　　）	
	携帯電話② 　－　　　－　（　　）	

入院の連絡　☐ する　　☐ しない　　☐ どちらでも
危篤の連絡　☐ する　　☐ しない　　☐ どちらでも
葬儀の連絡　☐ する　　☐ しない　　☐ どちらでも

【伝えておきたいこと】

ふりがな	ニックネーム、通称など（　　　　　）
名　前	私との続柄（　　　　　）

住　所　〒　　　－

　　　　都道
　　　　府県

自宅の電話　　－　　　－	携帯電話① 　－　　　－　（　　）	
	携帯電話② 　－　　　－　（　　）	

入院の連絡　☐ する　　☐ しない　　☐ どちらでも
危篤の連絡　☐ する　　☐ しない　　☐ どちらでも
葬儀の連絡　☐ する　　☐ しない　　☐ どちらでも

【伝えておきたいこと】

第1章　私について

おぼえがき

名簿（友人・知人）

ふりがな
名　前　　　　　　　　　　　　　　　つながり：☐ 友人　☐ 仕事　☐ 趣味
　　　　　　　　　　　　　　　　　　　　　　　☐ その他（　　　　　　）

住　所　〒　　－
　　　　　　都道
　　　　　　府県

電話①　　　－　　　－　　　　　電話②　　　－　　　－

入院の連絡　☐ する　☐ しない　　危篤の連絡　☐ する　☐ しない
葬儀の連絡　☐ する　☐ しない

【伝えておきたいこと】

ふりがな
名　前　　　　　　　　　　　　　　　つながり：☐ 友人　☐ 仕事　☐ 趣味
　　　　　　　　　　　　　　　　　　　　　　　☐ その他（　　　　　　）

住　所　〒　　－
　　　　　　都道
　　　　　　府県

電話①　　　－　　　－　　　　　電話②　　　－　　　－

入院の連絡　☐ する　☐ しない　　危篤の連絡　☐ する　☐ しない
葬儀の連絡　☐ する　☐ しない

【伝えておきたいこと】

ふりがな
名　前　　　　　　　　　　　　　　　つながり：☐ 友人　☐ 仕事　☐ 趣味
　　　　　　　　　　　　　　　　　　　　　　　☐ その他（　　　　　　）

住　所　〒　　－
　　　　　　都道
　　　　　　府県

電話①　　　－　　　－　　　　　電話②　　　－　　　－

入院の連絡　☐ する　☐ しない　　危篤の連絡　☐ する　☐ しない
葬儀の連絡　☐ する　☐ しない

【伝えておきたいこと】

【伝えておきたいこと】には、その人との関係や、所属団体・グループの場合は誰に連絡すればよいかなど、必要な人たちに連絡がまわりやすくなることがらを記入しましょう。

| 記入した日 | 年　　月　　日 |

ふりがな
名　前　　　　　　　　　　　つながり：☐ 友人　☐ 仕事　☐ 趣味
　　　　　　　　　　　　　　　　　　　　　☐ その他（　　　　　）

住　所　〒　　−
　　　　　　　　都道
　　　　　　　　府県

電話①　　−　　−　　　　　　**電話②**　　−　　−

入院の連絡　☐ する　☐ しない　　**危篤の連絡**　☐ する　☐ しない
葬儀の連絡　☐ する　☐ しない

【伝えておきたいこと】

ふりがな
名　前　　　　　　　　　　　つながり：☐ 友人　☐ 仕事　☐ 趣味
　　　　　　　　　　　　　　　　　　　　　☐ その他（　　　　　）

住　所　〒　　−
　　　　　　　　都道
　　　　　　　　府県

電話①　　−　　−　　　　　　**電話②**　　−　　−

入院の連絡　☐ する　☐ しない　　**危篤の連絡**　☐ する　☐ しない
葬儀の連絡　☐ する　☐ しない

【伝えておきたいこと】

ふりがな
名　前　　　　　　　　　　　つながり：☐ 友人　☐ 仕事　☐ 趣味
　　　　　　　　　　　　　　　　　　　　　☐ その他（　　　　　）

住　所　〒　　−
　　　　　　　　都道
　　　　　　　　府県

電話①　　−　　−　　　　　　**電話②**　　−　　−

入院の連絡　☐ する　☐ しない　　**危篤の連絡**　☐ する　☐ しない
葬儀の連絡　☐ する　☐ しない

【伝えておきたいこと】

第1章　私について

ふりがな 名 前	つながり：☐ 友人　☐ 仕事　☐ 趣味 ☐ その他（　　　　　　）

住　所　〒　　　－
　　　　　　都道
　　　　　　府県

電話①　　－　　　－　　　　　　電話②　　－　　　－

入院の連絡　☐ する　☐ しない　　危篤の連絡　☐ する　☐ しない
葬儀の連絡　☐ する　☐ しない

【伝えておきたいこと】

ふりがな 名 前	つながり：☐ 友人　☐ 仕事　☐ 趣味 ☐ その他（　　　　　　）

住　所　〒　　　－
　　　　　　都道
　　　　　　府県

電話①　　－　　　－　　　　　　電話②　　－　　　－

入院の連絡　☐ する　☐ しない　　危篤の連絡　☐ する　☐ しない
葬儀の連絡　☐ する　☐ しない

【伝えておきたいこと】

ふりがな 名 前	つながり：☐ 友人　☐ 仕事　☐ 趣味 ☐ その他（　　　　　　）

住　所　〒　　　－
　　　　　　都道
　　　　　　府県

電話①　　－　　　－　　　　　　電話②　　－　　　－

入院の連絡　☐ する　☐ しない　　危篤の連絡　☐ する　☐ しない
葬儀の連絡　☐ する　☐ しない

【伝えておきたいこと】

おぼえがき

ふりがな		つながり：☐ 友人　☐ 仕事　☐ 趣味
名　前		☐ その他（　　　　　　）

住　所　〒　　－
　　　　　都道
　　　　　府県

電話①　　－　　　－　　　　　　電話②　　－　　　－

入院の連絡　☐ する　☐ しない　　危篤の連絡　☐ する　☐ しない
葬儀の連絡　☐ する　☐ しない

【伝えておきたいこと】

ふりがな		つながり：☐ 友人　☐ 仕事　☐ 趣味
名　前		☐ その他（　　　　　　）

住　所　〒　　－
　　　　　都道
　　　　　府県

電話①　　－　　　－　　　　　　電話②　　－　　　－

入院の連絡　☐ する　☐ しない　　危篤の連絡　☐ する　☐ しない
葬儀の連絡　☐ する　☐ しない

【伝えておきたいこと】

ふりがな		つながり：☐ 友人　☐ 仕事　☐ 趣味
名　前		☐ その他（　　　　　　）

住　所　〒　　－
　　　　　都道
　　　　　府県

電話①　　－　　　－　　　　　　電話②　　－　　　－

入院の連絡　☐ する　☐ しない　　危篤の連絡　☐ する　☐ しない
葬儀の連絡　☐ する　☐ しない

【伝えておきたいこと】

おぼえがき

第1章　私について

私の葬儀について

葬儀にどの程度のお金を使い、どの程度の規模で行うかについての考えは人それぞれです。
葬儀の執り行いを託された人が困らないように、自分の希望を伝えましょう。

記入した日　　年　　月　　日

● 葬儀について

葬儀は　　□ してほしい（下に記入）　　□ しなくてよい

規模は　　□ 盛大に　　□ ごく普通に　　□ なるべく質素に

　　　　　□ 下記の人の判断に任せる

名前　　　　　　　　　　電話番号　　　－　　　－

● 葬儀の形態

□ 一般的な葬儀

□ 家族葬（家族や親族、親しい友人を中心に少人数で行う）

（　　　　　　　　　　　　　　　　　　　　　　　　　　　　）

誰を呼ぶか・呼ばないかなどを記入しましょう。

□ 直葬（火葬のみ）　　□ 密葬の後にお別れ会（偲ぶ会）

□ その他の形式（　　　　　　　　　　　　　　　　　）

□ 上記の人の判断に任せる

● 葬儀の費用

□ 預貯金・保険をあててほしい　→ 50、52ページ

□ 用意していない（家族・親族で用意してほしい）

□ 互助会などの会員になって積み立てている

団体名　　　　　　　　　　担当者名

電話番号　　　－　　　－

● 宗　教

- ☐ 仏　教
- ☐ キリスト教
- ☐ 神　道
- ☐ その他（　　　　　　　　　　　　　　）

> 葬儀の際に連絡する寺社や教会などを記入しましょう。

寺社、教会、団体などの名称

担当者名　　　　　　　　　電話番号　　　－　　　－

● 葬儀社について

- ☐ 決めていない
- ☐ 会員などになっている　　☐ 生前予約している　　※左のいずれも、下に記入。

　名称　　　　　　　　　　　電話番号　　　－　　　－

　事前見積書が　☐ ある　☐ ない

　※会員証や事前見積書などは（　　　　　　　　　　　　　　　　）に保管。

● 葬儀の場所

- ☐ 下記を希望する
  - ☐ 自宅　　　　　　　　☐ 民間の式場
  - ☐ 公営の式場　　　　　☐ 葬儀社・互助会などの専門会館
  - ☐ 集会所・町内会館など　☐ 寺社・教会など
  - ☐ その他（下に記入）

　　場所　　　　　　　　　　電話番号　　　－　　　－

- ☐ 決めていない

第1章　私について

● 戒　名

☐ 先祖などと同等の格の戒名を授けてもらいたい

☐ 費用がなるべくかからないように授けてもらいたい

☐ 戒名に入れてほしい文字がある（　　　　　　　　）

☐ すでに戒名がある　　戒名（　　　　　　　　　　　　　）

　戒名を授けていただいたお寺の名前

　電話番号　　　　　－　　　　－

☐ 形式上、必要ならば授けてもらってかまわない

☐ 今の名前のままでよい

● 葬儀で遺影に使ってほしい写真

☐ 特に決めていないので任せたい

☐ 使いたい写真がある

　　保管場所は　☐ このノートの最後の収納袋

　　　　　　　☐ その他（　　　　　　　　　　　　　　）

※使いたい写真は、紙に焼くかCD-Rなどに保存して、このノートの最後の収納袋に入れておくと使いやすくなります。パソコンのデータなど、取り出すのに手間がかかる所を保管場所とするのは、なるべく避けたほうがよいでしょう。

おぼえがき　葬儀で飾ってほしい花や流してほしい音楽、
棺(ひつぎ)に入れてほしいものなどの希望を書いておきましょう。

● 喪　主

☐ 通常、喪主になる立場の人に判断を任せたい

☐ 下記の人になってもらいたい

　名前　　　　　　　　　　　関係

　電話番号　　　　－　　　－

● 香典・供花・供物など

☐ 一般的な形でいただくようにしたい　　☐ 辞退したい

☐ その他（　　　　　　　　　　　　）

● 葬儀に呼んでほしくない人

☐ 特にいない

☐ 下記の人は呼んでほしくない

　（　　　　　　　　　　　　　　　　　　　　　　　　　　　　　　　）

第1章　私について

葬儀費用の目安

　葬儀の費用について、ふだんから考えている人はあまりいないと思います。そのような状況になって初めて、見積金額を葬儀社から提示されるのが一般的でしょう。

　しかし、「葬儀一式」として葬儀社から提示される金額に含まれるのは、祭壇や棺(ひつぎ)、司会の人件費などという最低限のものだけであることが多く、下記のようなものは実費として別途請求されることがあるので注意してください。

◆実費となるものの例
- 車両関連（霊柩車(れいきゅうしゃ)、搬送費）　・斎場関連（斎場使用料、火葬料）
- 料理関連（通夜料理、精進落とし）　・会葬返礼品

　最初に聞いていた金額と、精算時の金額に大きな開きがあったという話はめずらしくありません。残された人たちが、大変な状況下でさらに困惑することがないように、事前に数社から実費も含めた見積もりを取って比較し、こちらの希望に見合った金額の目安を把握しておくとよいでしょう。

お墓・法要について

最近では、お墓に対する考え方が多様化してきました。
法要についても、承継者のことなどを含めて考えておきましょう。

| 記入した日 | 年　　月　　日 |

● **お墓についての私の希望**

☐ 下記のお墓に入りたい

　☐ 先祖代々のお墓　　☐ 自分の実家のお墓　　☐ 自分で購入したお墓（下に記入）

　　名称　　　　　　　　　電話番号　　　　－　　　　－

　　住所

> 自分でお墓を購入した場合、墓地などの名称と連絡先を記入しましょう。

☐ お墓がないので用意してほしい

　☐ どこでもよい　　☐ 希望の場所がある（下に記入）　　☐ 予約している（下に記入）

　☐ 樹木葬にしてほしい　　☐ 永代供養墓に入れてほしい

> 希望の場所がある、またはすでに予約している場合に記入しましょう。

　　名称　　　　　　　　　電話番号　　　　－　　　　－

　　住所

☐ 散骨（自然葬）してほしい　　散骨場所の希望（　　　　　　　　　　　　　）

※散骨にはいろいろなルールがあり、希望どおりにできない場合もあります。

☐ その他（　　　　　　　　　　　　　　　　　　　　　　　　　　　　　　　）

☐ 特に希望はないため、下記の人の判断に任せる

　　名前　　　　　　　　　電話番号　　　　－　　　　－

● お墓にかかる費用

☐ 預貯金・保険をあててほしい → 50、52ページ

☐ 用意していない（家族・親族で用意してほしい）

● 法要についての私の希望

※菩提寺がある場合、法要についてはお寺とよく相談しましょう。

☐ 下記の法要を行ってほしい

> たとえば仏教の場合、「何回忌まで」などの希望を書いておきましょう。

☐ 法要は行わなくてもかまわない

☐ 特に希望はないため、下記の人の判断に任せる

名前　　　　　　　　　　　電話番号　　－　　　－

おぼえがき ほかにも、お墓や法要についての希望があれば書いておきましょう。

第1章　私について

好きなものについて

あなたが好きだと思うものを自由に書き出してみましょう。
これからの趣味や生きがいにつながるような発見があるかもしれません。

| 記入した日 | 年　　月　　日 |

趣味・特技

季節

花

動物

食べ物・飲み物、嗜好品

色

言葉

音楽

映画

作家・本

人物

場所（国・地域）

その他
※自由に記入しましょう。

ペットについて

家族同様のペットのことも、詳しく書いておきましょう。
「もしも」のとき、まわりの人も対応しやすくなります。

| 記入した日 | 年 月 日 |

種類	□犬　□猫　□その他（　　　）	□犬　□猫　□その他（　　　）
名前		
性別	□オス　□メス	□オス　□メス
生年月日	年　月　日	年　月　日
食事 （フードの商品名など）		
食事の時間・ 与え方など		
病気・けがなど		
かかりつけ医	医院名 電話番号　－　－	医院名 電話番号　－　－
動物保険の加入	□あり　□なし 電話番号　－　－	□あり　□なし 電話番号　－　－
いつもの預け先	電話番号　－　－	電話番号　－　－
もらい受けて くれる先	電話番号　－　－	電話番号　－　－
ペットにかかる お金	□預貯金・保険　→50、52ページ □用意できていない	□預貯金・保険　→50、52ページ □用意できていない

第1章　私について

● メ　モ
ここまでで書き切れなかったこと、いま思っていることなどを自由に書きましょう。

第2章 もしものとき

もしも何かがあったとき、なるべく自分の希望どおりにさまざまなことを進めてもらえるように、準備ができていると安心です。
財産や保険、またインターネット上の情報などをどうするかについて整理しておきましょう。
大切な人へのメッセージや思っていることなども自由に書き込みましょう。

あとを託された人が困らないように

　第2章では、財産や個人情報にかかわること、それに対するあなたの意思など、たいへん重要なことを整理していきます。
　そんな重要なことをあえて書き込んでおく目的は、あとを託された人が遺産をめぐって争ったり、判断に困ったり、思いがけないトラブルに巻き込まれたりしないようにするためです。

● 重要な内容にはのり付けを

　重要な情報を、うっかり他人に見られて自分の財産状況を知られてしまった、預貯金の暗証番号を知られて生前にすべて引き出されてしまった、遺言の保管場所が相続人の一人だけに知られ、ほかの相続人が知る前に破り捨てられてしまった——など、財産をめぐってはさまざまなトラブルが現実に起こり得ます。

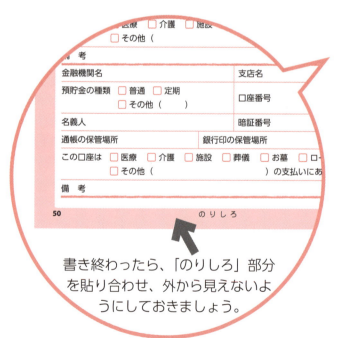

書き終わったら、「のりしろ」部分を貼り合わせ、外から見えないようにしておきましょう。

　そのようなことを防ぐために、第2章はページをのり付けして、書いた内容を見られないようにすることをおすすめします。すべて記入したあとは、フチの「のりしろ」にのりを塗って袋とじのようにしておきましょう。
　必要な状況になったら開いてもらうように、このノートを託す人に伝えておきましょう。

● 自分の財産を確認し、整理する機会に

　自分の財産状況について、把握しているつもりで忘れているものはありませんか。たとえば、何年も使っていない銀行口座、証券会社に預けず手元に置いたままになっている株券などです。生命保険の場合、身辺の状況が変われば、死亡保険金受取人を変更したほうがよいものもあるかもしれません。

　第2章は、自分の財産状況をあらためて見直し、整理すべきものを確認するきっかけとしてはいかがでしょう。

● 大切な人たちへのプレゼント

　あとを託された人は、悲しみの中でさまざまな難しい手続きを進めなければなりません。そんなとき、あなたの書き込んだことがきっと役に立つはずです。

　このノートに記入することは、お世話になった人たちや、大切な家族へのプレゼントといえるのではないでしょうか。

第2章　もしものとき

 ～ノートを託された人へ～

　このノートを託された人がするべき手続きなどについては、次ページ以降でおもな例や注意点をあげて解説しています。

　このノートに書かれていることは、これを残した人の意思といえます。託された人がそれらをできる範囲で実現することは、ご本人の思いを尊重し、受け継ぐことになるでしょう。

　手続きを進めるにあたっては、このノートに書かれた内容をぜひ役立ててください。

手続き上の注意点

あとを託された人は、あなたがどのように生活していたかを確認しながら、いろいろな手続きを進めていかなければなりません。
あなたが世帯主かどうか、財産や収入の状況などによって、してもらうことの範囲は異なってきますが、一般的には次のような手続きをする必要があります。

◆おもな手続きの例

死亡届・火葬許可申請書の提出	健康保険関係の手続き
世帯主変更の手続き（世帯主の場合）	銀行など金融機関への届け出
公共料金・電話料金などの支払い変更・停止	運転免許証などの返納
年金の手続き	各種契約・登録の解約
保険金などの請求手続き	所得税の申告（収入の状況による）
各種財産（預貯金、保険金、不動産、有価証券など）・負債の相続	

おもな手続きの中で、特に注意が必要なものについて説明します。

● **銀行口座の凍結**

①**口座の凍結**　あなたが亡くなった後、あとを託された人の申し出などから名義人の死亡を知ると、銀行など金融機関はその口座を凍結します。ただし、資金が必要な場合は、資金額により手続きが異なりますが、引き出すことができます。
また、暗証番号などをあとを託された人に事前に伝えていれば、口座が凍結される前に、亡くなったことを伏せたままにして引き出せる場合もあります。しかし、預貯金は相続の対象になるので、財産の相続内容が決まらないうちに特定の人だけが引き出すと、あとあと揉めることになりかねませんので、注意が必要です。

②**凍結解除**　凍結を解除するには、口座名義人の戸籍謄本や相続人全員の戸籍謄本・印鑑証明などが必要で、時間がかかる場合もあります。このため、葬儀などの費用はあとを託された人に一時的に立て替えてもらう可能性もあります。その際、領収書を保管しておくなど、かかった費用を明確にしておくことも、その後の遺産分割協議で重要です。

● **支払い方法の変更や解約**

あなたの口座から公共料金やクレジットカードの支払いなどが引き落とされており、その世帯にまだ暮らす人がいる場合には、支払い方法を変えたり別の口座に切り替えたりする手続きが必要になります。また、携帯電話やインターネット回線の料金支払いなどが定期的に引き落とされている場合も、解約手続きをしないと料金請求が続きます。何がどこから引き落とされているか、明らかにしておきましょう。

● **年　金**

あなたが年金を受給している場合、生計をともにしていた人に対しては亡くなった月の分まで支給されますが、請求が必要となります。また、日本年金機構に年金受給者の住民票コード（平成28年1月以降はマイナンバー）が登録されていない場合には、死亡届を出す必要もあります。

あなたが加入・受給している年金の種類や、保険料を納めていた期間で生計をともにしていた人が受給できる年金の額も変わってきますので、正確な内容を早めに確認しておましょう。

● **相続と相続放棄**

あとを託された人は相続にあたり、あなたの財産状況を確認することが必要となります。その際、「株の取引をしていたようだ」など、郵便物や通帳の状況等によってそれらを推測しなければならなくなると、全財産を把握するのに時間がかかります。その意味でも、財産状況はできるだけ明らかにしておきましょう。

なお、相続人（22ページ参照）は、負債も相続することになります。資産よりも負債が上回る場合、**相続放棄**などの方法もあります。

◆相続のおもな流れ

● 相続人の協議が成立しない場合

あなたが法的に有効な遺言（23ページ参照）で財産の分け方を指定している場合には、それに基づいて相続してもらうことになります。しかし、遺言がない場合や、遺言があっても無効な場合は、相続人どうしが話し合って分け方を決めることになります。これを**遺産分割協議**といいますが、一人でも話し合いに参加しなかったり、話し合っても分割方法が決まらなかったりする場合には、家庭裁判所に調停を依頼することになります。

● 相続財産が不動産の場合

①財産が不動産の場合、誰か相続人のうちの一人がそれを相続し、他の相続人は金銭（代償金）を受け取る方法や、対象となる不動産を売却し、その売却資金を相続人の間で分ける方法などがあります。後者の場合、不動産があなたの名義のままでは売却できないため、一度それを誰が相続するか決めて登記名義を変更する**相続登記**をしてもらうことになります。遺言がない場合は、遺産分割協議でこれを決めます。協議がまとまらず、相続登記も行われないまま相続人の次の世代まで持ち越されてしまうと相続関係が複雑になり、協議や手続きがどんどん難しくなっていくおそれがあります。早急に相続人を決め、「もしも」のときには名義変更をしてもらうのがよいでしょう。

②子どもがいない場合、あなたの配偶者とともにあなたの両親や兄弟姉妹などが法定相続人になります。不動産が財産のほとんどを占めている場合、両親や兄弟姉妹から法定相続分を主張されると、配偶者が住んでいる家を売却して相続分に応じた金銭を支払わなければならないという状況もあり得ますから、注意が必要です。

ここからは財産にかかわる大切なページです。記入した後にのり付けができます。

遺言・相続

相続は、財産の多い少ないに関係なく、残された人たちの間でトラブルになりやすいものです。公正証書遺言など法的効力のある確実な方法で、意思表示をしておくと安心です。

記入した日　　年　　月　　日

● 遺言について

☐ 遺言を書いている（下に記入）　　☐ 書いていない

　☐ 自筆証書遺言　（保管場所　　　　　　　　　　　　　　　　　　　　　）

　　　　　　公証役場名を記入しましょう。

　☐ 公正証書遺言　（　　　　　　公証役場　電話　　－　　－　　）

　☐ 秘密証書遺言　（保管場所　　　　　　　　　　　　　　　　　　　　　）
　　　　　　　　　（　　　　　　公証役場　電話　　－　　－　　）

※遺言の形式については、23ページを参照。

遺言執行者を　☐ 決めている（下に記入）　　☐ 決めていない

名前　　　　　　　　　　　　　　関係

電話番号　　　－　　　－

※遺言執行者とは、遺言の内容に沿って具体的な手続きをする人のことです。
　遺言で指定する場合と、家庭裁判所が選任する場合があります。

第2章　もしものとき

のりしろ

【おぼえがき】

のりしろ

49

銀行口座

のりしろ

金融機関名	支店名
預貯金の種類　☐普通　☐定期　☐その他（　　）	口座番号
名義人	暗証番号
通帳の保管場所	銀行印の保管場所

この口座は　☐医療　☐介護　☐施設　☐葬儀　☐お墓　☐ローン・負債
　　　　　　☐その他（　　　　　　　　　　　）の支払いにあててほしい

備　考

のりしろ

金融機関名	支店名
預貯金の種類　☐普通　☐定期　☐その他（　　）	口座番号
名義人	暗証番号
通帳の保管場所	銀行印の保管場所

この口座は　☐医療　☐介護　☐施設　☐葬儀　☐お墓　☐ローン・負債
　　　　　　☐その他（　　　　　　　　　　　）の支払いにあててほしい

備　考

金融機関名	支店名
預貯金の種類　☐普通　☐定期　☐その他（　　）	口座番号
名義人	暗証番号
通帳の保管場所	銀行印の保管場所

この口座は　☐医療　☐介護　☐施設　☐葬儀　☐お墓　☐ローン・負債
　　　　　　☐その他（　　　　　　　　　　　）の支払いにあててほしい

備　考

のりしろ

残された人たちに銀行口座のことがわかるようにしておくことは、あとあと金銭的なトラブルにならないために重要です。特に、ネット銀行の口座は形が残らないために放置されがちですので、きちんと整理しておきましょう。

記入した日　　年　　月　　日

金融機関名	支店名
預貯金の種類　☐普通　☐定期　☐その他（　　）	口座番号
名義人	暗証番号
通帳の保管場所	銀行印の保管場所

この口座は　☐医療　☐介護　☐施設　☐葬儀　☐お墓　☐ローン・負債
　　　　　　☐その他（　　　　　　　　　　　）の支払いにあててほしい

備　考

● ネット銀行の口座

金融機関名	口座番号	
名義人	ID	パスワード

使用目的

備　考

金融機関名	口座番号	
名義人	ID	パスワード

使用目的

備　考

保　険

	1	2	3
保険会社名			
連絡先	支店名・担当者名 電話番号 (　　　) ―	支店名・担当者名 電話番号 (　　　) ―	支店名・担当者名 電話番号 (　　　) ―
保険の種類			
証券番号			
契約者名			
被保険者名			
保険料			
備　考			

終身保険、年金保険、自動車保険……などの種類を記入します。

金額と一緒に、月払い、年払い、払い込み済……なども記入します。

生命保険、医療保険、損害保険、自動車保険、葬儀保険など、さまざまな種類の保険に加入している人は、ひと通り書き出して整理しておきましょう。

記入した日　　年　　月　　日

	4	5	6
保険会社名			
連絡先	支店名・担当者名 電話番号 (　　　) 　　ー	支店名・担当者名 電話番号 (　　　) 　　ー	支店名・担当者名 電話番号 (　　　) 　　ー
保険の種類			
証券番号			
契約者名			
被保険者名			
保険料			
備　考			

第2章　もしものとき

 豆知識

保険金は、ほかの相続財産とは違う

　生命保険の死亡保険金など、受取人として特定の人が指定されている場合には、生命保険請求権が受取人固有の財産であると判断されるため、相続財産にはなりません。また、遺産分割の対象にもなりません。このため、原則として受取人が単独で支払い手続きを進めることができます。ただし、所得税、相続税、贈与税などの課税対象にはなりますので、受取人になっている人は注意が必要です。

その他の資産・負債

残された人に引き継ぐものは、プラスの財産だけでなく、負債などマイナスの財産もあります。きちんと書き残してあれば、まわりの人たちも安心できます。

| 記入した日 | 年 | 月 | 日 |

● 株式・公社債・投資信託

	1	2	3
証券会社 などの名称			
連絡先	支店名 電話番号 (　　　) 　　　―	支店名 電話番号 (　　　) 　　　―	支店名 電話番号 (　　　) 　　　―
口座番号			
名義人			
ID			
パスワード			
備　考			

● その他の資産

資産の種類	保管場所	備　考

● 不動産

1	種類	☐ 土地　☐ 建物　☐ 山林　☐ 田畑　☐ その他（　　　　）		
	名義人	持分	抵当権設定 ☐ なし　☐ あり（　　）	
	所在			
2	種類	☐ 土地　☐ 建物　☐ 山林　☐ 田畑　☐ その他（　　　　）		
	名義人	持分	抵当権設定 ☐ なし　☐ あり（　　）	
	所在			

● 貸付金

1	貸付先	電話番号　－　－
	貸付金額	返済方法
	返済期日	契約書の保管場所
2	貸付先	電話番号　－　－
	貸付金額	返済方法
	返済期日	契約書の保管場所

● ローン・負債

1	借入先	電話番号　－　－
	借入金額	借入残高
	返済期日	契約書の保管場所
2	借入先	電話番号　－　－
	借入金額	借入残高
	返済期日	契約書の保管場所

おぼえがき ほかにも、資産・負債について伝えておきたいことがあれば、書いておきましょう。

第2章 もしものとき

形見分け・寄付・寄贈

自分が大切にしているものを特定の誰かに引き継いでもらいたい。
そんな思いがある場合は、記入しましょう。

| 記入した日 | 年　　月　　日 |

● **形見分け**　※形見を贈る相手を指定したい場合に書いておきましょう。

贈りたい相手・連絡先	品　物	保管場所
名前		
電話番号　－　　－		
名前		
電話番号　－　　－		
名前		
電話番号　－　　－		

● **寄付・寄贈**

贈りたい相手・連絡先	品　物	保管場所
名前		
電話番号　－　　－		
名前		
電話番号　－　　－		
名前		
電話番号　－　　－		

豆知識　収集品が高額の場合、注意が必要

　美術品、骨董品、書籍などで収集品の価値が高い場合は財産の一部となるため、残された人たちの争いの元になる場合もあります。また、このノートに書き残しただけでは法的効力は発生しませんので、あなたの希望どおりに形見分けや寄付・寄贈が行われない可能性もあります。寄付などを確実に行いたい場合は、遺言に書き残しましょう。

大切なものの番号と保管場所②

貴重品の保管場所が「もしも」のときにわかるようにしておきましょう。
口座引き落としやインターネット上の情報なども、悪用防止のため整理しましょう。

| 記入した日 | 年　　月　　日 |

● 実　印

実印保管場所
印鑑登録証（カード）保管場所

● クレジットカード・会員カード

カード会社名	カード番号	有効期限	保管場所
		年　　月	
		年　　月	
		年　　月	
		年　　月	
		年　　月	

● 口座引き落とし一覧

※公共料金など、引き落としを止めるものを書いておきましょう。

引き落とし内容	金融機関・支店名	口座番号	通帳保管場所
電　気			
水　道			
ガ　ス			
電　話			

● 携帯電話・スマートフォン・パソコン

※携帯電話やスマートフォンから、ブログなどで情報発信している場合、その扱いをどうしたいか（削除する・残すなど）、右ページの「おぼえがき」に書いておきましょう。

携帯電話・スマートフォン	契約会社　　　　　　　　電話番号　　－　　－
	名義　　　　　　　　　　パスワード
	メールアドレス
	残っている情報は　　□ 全部処分してほしい　　□ 任せる 管理を任せる人（　　　　　　　　　　　　　　　　　）
携帯電話・スマートフォン	契約会社　　　　　　　　電話番号　　－　　－
	名義　　　　　　　　　　パスワード
	メールアドレス
	残っている情報は　　□ 全部処分してほしい　　□ 任せる 管理を任せる人（　　　　　　　　　　　　　　　　　）
パソコン	パスワード
	プロバイダ　　　　　　　電話番号　　－　　－
	メールアドレス
	残っている情報は　　□ 全部処分してほしい　　□ 任せる 管理を任せる人（　　　　　　　　　　　　　　　　　）
パソコン	パスワード
	プロバイダ　　　　　　　電話番号　　－　　－
	メールアドレス
	残っている情報は　　□ 全部処分してほしい　　□ 任せる 管理を任せる人（　　　　　　　　　　　　　　　　　）

● 所属団体、SNSなど

※自分がSNSなどに投稿した情報がある場合、その扱いをどうしたいか（削除する・残すなど）、
　備考欄に書いておきましょう。

（　　　　　　　　）の会員番号（　　　　　　　　）　連絡先（　　　　　　　　　　　）

ID（　　　　　　　　　　　）　パスワード（　　　　　　　　　　　　　　）

備考

（　　　　　　　　）の会員番号（　　　　　　　　）　連絡先（　　　　　　　　　　　）

ID（　　　　　　　　　　　）　パスワード（　　　　　　　　　　　　　　）

備考

（　　　　　　　　）の会員番号（　　　　　　　　）　連絡先（　　　　　　　　　　　）

ID（　　　　　　　　　　　）　パスワード（　　　　　　　　　　　　　　）

備考

（　　　　　　　　）の会員番号（　　　　　　　　）　連絡先（　　　　　　　　　　　）

ID（　　　　　　　　　　　）　パスワード（　　　　　　　　　　　　　　）

備考

（　　　　　　　　）の会員番号（　　　　　　　　）　連絡先（　　　　　　　　　　　）

ID（　　　　　　　　　　　）　パスワード（　　　　　　　　　　　　　　）

備考

おぼえがき　ほかにも、パソコンやインターネット上のものについて
伝えておきたいことがあれば、書いておきましょう。

大切な人たちへのメッセージ

● _____ さんへ
記入日　　年　　月　　日

● _____ さんへ
記入日　　年　　月　　日

● _____ さんへ
記入日　　年　　月　　日

● _____ さんへ
記入日　　年　　月　　日

あなたの大切な人に、伝えておきたいことはありませんか。
下の欄に一人ずつ記入しましょう。

● _____ さんへ
記入日　　年　　月　　日

● _____ さんへ
記入日　　年　　月　　日

● _____ さんへ
記入日　　年　　月　　日

● _____ さんへ
記入日　　年　　月　　日

第2章　もしものとき

● いま、想うこと

思い出や大切にしてきたことなど、これまでの人生を振り返って、自由に書き記してみてはいかがですか。また、このノートに記入してあらためて思ったことなどでもよいでしょう。「いま」の私が整理され、これから備えたいこと、やりたいことが見えてくるでしょう。

●監修
佐々木悦子（ささきえつこ）
一般社団法人日本エンディングサポート協会理事長、エンディングコンサルタント。冠婚葬祭互助会にブライダルコーディネーターとして勤務後、「24時間365日 葬儀・お墓の無料電話相談窓口」を開設、終活に関する勉強会などで活動。2012年10月、一般社団法人日本エンディングサポート協会を設立、理事長就任。終活のスペシャリストとして、全国各地の講演会などから得た生の情報をベースに、生活者側に立った具体的なアドバイスに定評がある。
主な監修に『エンディングノート』(葬儀・お墓のページ／小学館)、「エンディングノート」(Microsoft officeテンプレート) など。

●法律監修
長谷川裕雅（はせがわひろまさ）
相続弁護士・東京法律事務所代表。弁護士・税理士。

●STAFF
編集・制作協力　株式会社エディポック
デザイン　　　　松崎知子
イラスト　　　　坂木浩子

もしものときの安心メモリー帖

監修者　佐々木悦子
発行者　池田士文
印刷所　TOPPANクロレ株式会社
製本所　TOPPANクロレ株式会社
発行所　株式会社池田書店
　　　　〒162-0851　東京都新宿区弁天町43番地
　　　　電話03-3267-6821(代)／振替00120-9-60072

落丁・乱丁はおとりかえいたします。
©K.K. Ikeda Shoten 2015, Printed in Japan
ISBN978-4-262-16024-5

本書のコピー、スキャン、デジタル化等の無断複製は著作権法上での例外を除き禁じられています。本書を代行業者等の第三者に依頼してスキャンやデジタル化することは、たとえ個人や家庭内での利用でも著作権法違反です。

24110510